Karl Rahner

Warum Beten manchmal schwerfällt – und was daran gut ist

Karl Rahner

Warum Beten manchmal schwerfällt – und was daran gut ist

Herausgegeben von
Andreas R. Batlogg
und Peter Suchla

Matthias Grünewald Verlag

VERLAGSGRUPPE PATMOS

PATMOS
ESCHBACH
GRÜNEWALD
THORBECKE
SCHWABEN
VER SACRUM

Die Verlagsgruppe
mit Sinn für das Leben

MIX
Papier aus verantwortungsvollen Quellen
FSC® C014496
www.fsc.org

Klimaneutral
Druckprodukt
ClimatePartner.com/14549-2003-1001

Für die Verlagsgruppe Patmos ist Nachhaltigkeit ein wichtiger Maßstab ihres Handelns. Wir achten daher auf den Einsatz umweltschonender Ressourcen und Materialien.

Verlagsgruppe Patmos in der Schwabenverlag AG, Ostfildern
www.gruenewaldverlag.de

Umschlaggestaltung: Finken & Bumiller
Umschlagmotiv: © Deutsche Provinz der Jesuiten
Satz: Schwabenverlag, Ostfildern
Druck: GGP Media GmbH, Pößneck
Hergestellt in Deutschland
ISBN 978-3-7867-3240-2

Inhalt

»Wie soll der Mensch mit dir reden können?«

Einführung der Herausgeber

I. Auf dem Weg zu (m)einer Gebetskultur

Kirchen leeren sich, Gemeinden überaltern – aber Spiritualität boomt. Selten war eine Zeit so »religionsfreudig«, ja »religionshungrig« wie die unsere: Die Sehnsucht nach einem Leben, in dem auch Spiritualität – was immer man unter diesem

Containerbegriff und Modewort versteht – eine Rolle spielt, ist riesengroß.

Wo und wie findet diese (oft diffuse) Sehnsucht Antworten? Wo finden sich Orte, an denen Menschen erfahren können, dass sie mit ihren Fragen wirklich und wirksam ernst genommen werden – anstatt viel zu schnell mit Floskeln und Phrasen »zugetextet« zu werden, auch wenn diese noch so »fromm« daherkommen? Vor allem aber stellt sich nach dem Wegbrechen oder dem mancherorts totalen Verschwinden des früheren christlichen (ob nun katholischen oder evangelischen) Umfelds die Frage: Wo sind Orte, an denen das Beten, an denen das Meditieren gelernt und eingeübt werden kann? Von denjenigen insbesondere, die keine große Praxis und Erfahrung darin haben? Denn fürs Beten gibt es nun mal keine Bedienungsanleitung wie für einen Staubsauger oder Rasenmäher.

Sicher, fast jede(r) weiß in etwa, was Beten heißt. Aber würde irgendjemand sich privat mit Freunden oder Verwandten darüber unterhalten? Selbst Menschen, die regelmäßig oder hin und wieder zu Gottesdiensten gehen und dort in die Gebete miteinstimmen, haben außerhalb der Gottesdienste oft keinen Zugang zum Beten und würden sich regelrecht genieren, darüber mit irgendwem zu reden. Und Gründe gibt es dafür viele:

- Die einen wissen nicht so recht, worum man Gott überhaupt bitten soll. Denn irgendwie haben sie das Gefühl, dass Gott kein Wunsch-Erfüller ist, der einem einen guten Arbeitsplatz verschafft oder zum Lottogewinn verhilft.

- Andere spüren, dass Gott den Menschen nicht all jene Arbeit abnimmt, die sie selbst leisten können, und zögern daher, Gott zu bitten.
- Manchen ist das private Beten unbemerkt verloren gegangen wie die eigene Pubertät, obgleich sie nicht an Gottes Existenz zweifeln.
- Andere wiederum haben Zweifel an der Existenz eines Gottes, teilen vielleicht den Zeitgeist, der Gott für eine Kinderei hält.
- Junge Menschen drücken ihren Protest gegen die Erwachsenenwelt oft dadurch aus, dass sie sich von religiösen Dingen fernhal-

ten und deswegen auch mit dem Beten aufhören.

– Wieder andere, ob jung oder alt, können mit den offiziellen Gebetstexten, wie sie in den Gottesdiensten praktiziert werden, nichts anfangen – oder sie haben vielleicht noch diese fürchterlichen Kindheitsgebete im Kopf, wie etwa: »Ich bin klein, mein Herz ist rein, soll niemand drin wohnen als Jesus allein.« Ein Kindergebet in Kindersprache, aber von einer unglaublichen Dreistigkeit: Warum soll ein Kind nicht auch in seinem Herzen Platz für Eltern, Geschwister, Freunde, ja sogar den Teddy haben?

Man sieht daran, dass es nicht nur eine Esskultur, eine Musikkultur, eine Gesprächskultur usw. braucht, sondern auch eine Gebetskultur. Dass man nicht nur lernen sollte, wie man mit Messer und Gabel isst oder wie man ein Musikinstrument spielt, sondern auch, wie man betet – und zwar altersgerecht: als Kind, als Jugendlicher, als Erwachsener.

Genau dafür, für das Erlernen einer Gebetskultur, ist Karl Rahner SJ (1904–1984) ein begnadeter Lehrer!

Ein Lehrer, der nicht einfach sagt: So oder so musst du es machen! Sondern ein Lehrer, der versteht, warum Beten schwer sein kann. Der versteht, dass es nicht einfach am guten Willen liegt. Nicht einfach daran, sich »einen Ruck« zu geben, sondern dass der Grund tiefer liegen kann, viel tiefer: »Wie soll der Mensch mit dir reden können?«, richtet er seine Frage an Gott. »Du bist so fern und unfassbar. Wenn ich bete, dann ist es mir, als fielen alle meine Worte in eine dunkle Tiefe, aus der kein Echo zurückkommt, das melden würde, dass meine Gebete den Grund deines Herzens gefunden haben.« Wie soll man, fragt er weiter, »ein Leben lang beten, reden, ohne eine Antwort zu hören«? Ist es da ein Wunder, dass man lieber mit Menschen redet, die einem Antwort geben?

Man sieht: Der Theologe Karl Rahner ist weit, weit entfernt davon, Vorwürfe zu machen, wenn jemandem das Beten schwerfällt. Stattdessen formuliert er Beispiel-Gebete, die all das aufgreifen, was das Beten oft schwermacht. Beispiel-Gebete, die eigene Gebetswege aufzeigen, auf denen man sich an Gott herantasten kann, auf denen man die eigenen Schwierigkeiten zu beten vor Gott hinhalten kann. Gebete, die auch zeigen, was das Gute daran ist, wenn jemand nicht beten kann: Weil nämlich Beten etwas völlig anderes ist als das übliche Daherreden. Und weil die Schwierigkeiten, die man mit dem Beten hat, vielleicht daher kommen, dass man genau das irgendwie spürt, dass man – vielleicht unter- oder unbewusst – merkt, wie oberflächlich normales Reden Gott gegenüber ist. »Wenn ihr betet, plappert nicht wie die Heiden«, sagt schon Jesus im Matthäus-Evangelium (Kap. 6, Vers 7) und warnt davor zu meinen, man werde nur erhört, wenn man »viele Worte« mache.

Wenn man das ernst nimmt, dann wird man eher still. Dann fallen einem die Worte beim Beten eher schwer oder bleiben ganz aus. Gut, wenn man sich dann an früher gelernte Gebete klammern kann, wie zum Beispiel das Vaterunser. Und wenn nicht? Dann ist man keineswegs ein schlechter Mensch oder gar ungläubig, wie Karl Rahner aufzeigt. Vielleicht können genau deswegen seine hier versammelten Beispiel-Gebete in die Weite und Größe Gottes tragen …

II. Karl Rahners persönliches Bekenntnis

Sichtlich genervt, weil ein Gespräch mit Karl-Heinz Weger SJ (1932–1998) über die »Beweiskraft« von Gottesbeweisen ins Stocken geriet, beendete Karl Rahner eine hitzige Debatte mit dem Satz: »Ich glaube, weil ich bete« (siehe K.-H. Weger, Ich glaube, weil ich bete. Für Karl Rahner zum 80. Geburtstag, in: *Geist und Leben* 57 [1984], S. 48–52, 51). Das war nicht einfach nur so daher gesagt, schnell und unüberlegt, um aus einer offenbar stressigen Situation herauszukommen. Nein, der Jesuitengelehrte Karl Rahner, der mit seinen theologischen Überlegungen zeitlebens weltweite Resonanz auslöste, macht damit eine Aussage über sich selbst, eine Art persönliches Bekenntnis – und es kam ihm dabei auf die Reihenfolge an. Er formulierte nicht, wie zu erwarten gewesen wäre: »Ich bete, weil ich glaube«, sondern: »Ich glaube, weil ich bete!«

Seine Art zu glauben, seine Art zu beten macht Karl Rahner (nicht nur mit seinen nach wie vor lesenswerten spirituellen Schriften wie etwa »Worte ins Schweigen« oder »Von der Not und dem Segen des Gebetes«) zu einem ganz besonderen Begleiter für suchende Menschen, auch und gerade für Menschen, denen das Beten schwerfällt.

III. Zum Verständnis der Texte

1. Das erste Beispiel-Gebet:
»Gott meiner Gebete«

Rahner schildert hier konkrete Erfahrungen, die Menschen machen können, wohl auch er selber – nüchterner Realismus spricht aus diesem Text: Zuweilen ist Beten »eigentlich nur eine ›Aufgabe‹, ein ›Pensum‹, das ich erledige«; etwas, das man hinter sich bringen will wie eine lästige Pflicht. Zuweilen haben Menschen das Gefühl, beim Beten in eine Leere hinein zu sprechen, aus der »kein Echo zurückkommt«. Aber es gibt noch einen weiteren Grund, warum das Beten oft schwerfällt: Wenn wir nicht beten, dann nicht, weil uns Gott egal ist, sondern um der »Öde des leeren Marktes« zu entkommen, wie Rahner es unnachahmlich formuliert. Denn wenn wir ehrlichen Herzens beten wollen, also alles Weltliche an den Rand schieben wollen, um uns Gott vor Augen zu halten, dann wird auf einmal alles leer und einsam, denn Gott kann man ja nicht sehen, wir sind ausgeschlossen von dem Ort, wo er wohnt. Um dieser Leere, dieser Einsamkeit und Öde nicht zu begegnen, verzichten wir dann lieber aufs Beten und halten uns an die Geschäftigkeit der Welt, die uns mit sichtbarer Fülle überhäuft und die Leere und Einsamkeit übertönt.

Was also tun? Schnellen Antworten misstraut Rahner (»die Frommen sind da so schnell bei der Hand«), und selbstkritisch fügt er an: »Mir graut vor meiner ›Tiefe‹, die nur die Flachheit eines Menschen ist, und eines ganz gewöhnlichen noch dazu«. Vielleicht, so sein Gedanke, kann das Beten letztlich nur das Warten auf Gott sein, »das schweigende Bereitstehen, bis du, der du schon immer in der innersten Mitte meines Wesens bist, mir von innen das Tor aufschließest, damit auch ich in mich selbst eintrete, hinein in das verborgene Heiligtum meines Lebens«.

2. Das zweite Beispiel-Gebet:
»Gott meines Alltags«

Dieser Text ist ein herausragendes Zeugnis für Rahners poetische Seite, aber auch für seine tiefe Verwurzelung in der Spiritualität seines Ordens, die lehrt, Gott in allen Dingen zu suchen und zu finden – und nicht nur in ihm zugewiesenen »Reservaten«.

Ja, Rahner hat recht: Unsere »Seele ist wie zu einem riesigen Speicher geworden, in den wahllos alles von allen Seiten Tag für Tag eingefahren wird, bis er bis zum Dach mit Alltag gefüllt ist« – mit Alltag, der den Blick auf Gott allzu sehr versperrt.

Aber kann man dem Alltag entfliehen? Hat nicht Gott uns in diesen Alltag gestoßen? Und »wenn ich meinen Alltag fliehen wollte, wenn ich gar Kartäuser werden wollte, um nichts mehr tun zu müssen, als in schweigender Anbetung vor deinem heiligen Angesicht zu weilen, wäre ich dann wirklich erhaben über den Alltag«, fragt Rahner und erkennt, dass »nicht weltliche Geschäfte meine Tage alltäglich machen, sondern dass ich selber es bin ... *Ich* mache meine Tage zum Alltag, nicht sie mich.«

Wenn man das erkennt, dann ist Alltag nicht ein zeitweises Übel, sondern dann ist immer Alltag. Wie aber soll man in diesem Alltag zu Gott finden? Was soll man tun, da Gott uns »nirgends einen Ort gegeben hat, an den man nur hinflüchten müsste«, um ihn zu finden? Rahners Antwort: Wenn es nirgends einen *speziellen* Ort gibt, um Gott zu finden, dann muss man Gott in *allem* finden können, weil sonst der Mensch Gott überhaupt nicht finden könnte. »Dann muss ich dich«, Gott, sagt er, »in *allem* suchen, dann ist *alle* Tage Alltag und alle Tage *dein* Tag und die Stunde deiner Gnade«, in der »alle Auskehr in den Alltag zur Einkehr« werden kann.

3. Das dritte Beispiel-Gebet: »Gott der Lebendigen«

Nicht oft werden Sterben und Tod, wird die Tatsache, dass geliebte Menschen uns im Tod verlassen und dass auch wir ihnen einmal folgen werden, so anrührend, so stärkend, ja, so angstfrei geschildert wie in diesem Text. Rahner beginnt mit einem ergreifenden Bild für das menschliche Sterben: Es ist mir, sagt Rahner, »wie wenn auf der Straße meines Lebens ein Zug von Menschen marschierte und jeden Augenblick sich ohne Abschiednehmen und schweigend einer aus diesem

Zuge herauslöste und vom Wege abbiegend sich verlöre im Dunkel der Nacht. Kleiner und kleiner wird mein Zug, denn nur scheinbar treten immer neue Menschen auf meinen Lebensweg, um mitzuziehen. Viele ziehen zwar dieselbe Straße, aber – eigentlich *mit* mir doch nur wenige … der eigentliche Zug meines Lebens, gebildet von denen, die sich lieben, der wird immer kleiner und stiller, bis auch ich einmal schweigend vom Wege abbiege und ohne Abschied und Wiederkunft dahingehe.«

Doch so ergreifend es auch ist, Rahner bleibt bei diesem Bild nicht stehen. Sein Blick richtet sich auf jene lieben Menschen, die verstorben und jetzt so fern sind, als sei ihre Existenz vollkommen ausgelöscht. Wie kann das sein, fragt Rahner: »Wenn denen, die in deiner Liebe von hinnen schieden, das Leben nicht genommen, sondern in ewiges, grenzenloses, übervolles Leben verwandelt wird, warum sind sie dann für mich, als ob sie nicht mehr wären?« Warum schweigen sie, wenn Gott doch ein Gott der Lebenden ist?

Rahner erkennt: Gerade *weil* sie in Gottes Leben eingegangen sind, bleiben sie uns verborgen, so wie Gott selbst uns ja auch verborgen bleibt. Und doch ist ihre Liebe, weil jetzt eingegangen in Gott, uns näher als alles. So wie Gott selbst uns näher ist als alles – nur nehmen wir das nicht wahr, weil alles, was wir wahrnehmen, gerade weil wir es wahrnehmen, nicht göttliches Leben sein kann, sondern immer nur wahrgenommene Welt ist.

4. Worauf es ankommt

Kann man es schöner, kann man es poetischer sagen, worauf es beim Beten ankommt? Dieser kleine Text ist in seiner Schönheit viel zu kurz, man möchte mehr davon. Was über das Beten gesagt werden kann, fasst Rahner so zusammen, dass man jeden Satz zweimal lesen möchte und dabei spürt, wie die Seele berührt wird. Man kann minutenlang in diesen Worten verweilen. Daher soll dieser Text hier auch nicht kommentiert werden. Es sei nur festgehalten, dass es Text-Perlen gibt und dass dieser Text vielleicht eine der kostbarsten ist.

Warum Beten manchmal schwerfällt – und was daran gut ist: Karl Rahners in diesem Bändchen neu zusammengestellte Gedanken bieten keine wohl-ausgefeilte Theologie des Gebetes. Sie sind auch keine maßgeschneiderte Gebetsanleitung. Auch kein harmloses frommes Geplauder. Sie sind – vor dem Hintergrund eigener, ernst genommener Erfahrungen – vielmehr eine einzige Einladung, sich auf das Beten einzulassen: eigenen Erfahrungen zu trauen, sich nicht dafür zu genieren oder diese zu bewerten, sich Gott anzuvertrauen – und zu schauen, was passiert. Dazu gehört Mut. Und Ausdauer. Es geht letztlich um einen Weg. Nicht um einen »Zustand«, den man erreichen will und dem man hinterherjagt. Ein Übungsweg: mit lebenslänglichen Fingerübungen. Schwierigkeiten sind normal. Vielleicht lernen wir erst durch sie, worum es eigentlich geht und dass wir auf diesem Weg nichts »machen« oder »herbeizwingen« können. Nur beschenken, überraschen lassen können wir uns.

Paulus hat das Entscheidende in seinem Brief an die Gemeinde in Rom (Kap. 8, Verse 25–26) so zusammengefasst: Wir wissen nicht, worum wir in rechter Weise beten sollen; doch der Geist Gottes nimmt sich unserer Schwachheit an und tritt für uns ein. Heißt: Wir dürfen Gott zutrauen, dass er mit unseren Schwierigkeiten beim Beten liebevoll umzugehen weiß.

Andreas R. Batlogg SJ

Peter Suchla

[In eckigen Klammern stehende Wörter innerhalb der Rahner-Texte sind Einfügungen der Herausgeber zum besseren Verständnis, die sich in den Originaltexten nicht finden.]

Gott meiner Gebete

Von meinen Gebeten will ich zu dir reden, Herr. Und wenn es mir sonst scheinen will, dass du wenig achtest auf das, was meine Gebete dir sagen wollen, dann horch doch dieses eine Mal auf meine Worte. Ach, Herr Gott, ich wundere mich nicht, dass meine Gebete noch so weit von dir zu Boden fallen. Ich höre ja selber oft nicht auf das, was ich bete. Mein Beten ist mir so oft eigentlich nur eine »Aufgabe«, ein »Pensum«, das ich erledige, danach ich froh bin, wenn ich es hinter mir habe. Und darum bin ich beim Beten bei meiner »Aufgabe«, statt betend bei *dir* zu sein.

Ja, so ist mein Beten. Ich gestehe es ein. Aber, mein Gott, es will mir fast nicht gelingen, mein Beten, das keines ist, zu bereuen. Wie soll der Mensch mit dir reden können? Du bist so fern und unfassbar. Wenn ich bete, dann ist es mir, als fielen alle meine Worte in eine dunkle Tiefe, aus der kein Echo zurückkommt, das melden würde, dass meine Gebete den Grund deines Herzens gefunden haben. Herr, ein Leben lang beten, reden, ohne eine Antwort zu hören, ist das nicht zu viel für mich? Verstehst du, dass ich dir immer wieder davonlaufe und mit Menschen und Dingen rede und handle, die mir Antwort geben? Oder soll ich die Rührung, die mir beim Beten kommt, oder den Einfall, den ich bei der Betrachtung habe, als dein Wort und deine Erleuchtung ausgeben? O Gott, die Frommen sind da so schnell bei der Hand. Aber mir fällt es gar schwer, das zu glauben. Ich finde immer wieder mich selbst in all diesen Erlebnissen und nur das leere Echo meiner eigenen Rufe. Aber dein Wort, dich selber will ich. Ich selber und meine Einfälle sind mir höchstens für andere nützlich, selbst wenn diese Einfälle sich auf dich beziehen und die Leute sie am Ende noch für tief halten. Mir graut vor meiner »Tiefe«, die nur die Flachheit eines Menschen ist, und eines ganz gewöhnlichen noch dazu. Und eine

»Innerlichkeit«, in der man nur sich selbst findet, macht das Herz noch leerer als alle Zerstreutheit und Verlorenheit in das Getriebe der Welt. Mich selber kann ich nur ertragen, wenn ich mich vergessen kann, indem ich von mir weg betend auf dich hin lebe. Aber wie soll ich dies können, wenn du dich mir nicht zeigst, wenn du so fern bleibst? Warum schweigst du also? Warum legst du mir auf, zu dir zu sprechen, wenn du nicht zuzuhören scheinst? Wenn du schweigst, ist das denn kein Zeichen, dass du mir nicht zuhörst?

Oder hörst du doch meinem Wort aufmerksam zu, hörst du vielleicht mein Leben lang zu, bis ich mich ganz dir gesagt habe, mein ganzes Leben herausgesagt habe?

Schweigst du gerade, weil du stille lauschend zuhörst, bis ich wirklich fertig bin, um mir dann *dein* Wort zu sagen, das Wort deiner Ewigkeit, um dann endlich einmal den lebenslangen Monolog eines armen Menschen im lastenden Dunkel dieser Welt zu beenden mit dem leuchtenden ›Wort des ewigen Lebens‹, in dem du selber dich mir ins Herz hineinsagen wirst? Ist mein Leben im Grunde doch nur ein einziges kurzes Stoßgebet – und alle meine Gebete nur seine Fassung in Menschenworte – und ist dein ewiger Besitz deine ewige Antwort darauf? Ist dein Schweigen, wenn ich bete, ein Reden voll unendlicher Verheißung, ein Wort, das unausdenkbar inhaltsschwerer ist als jedes laute Wort, das du jetzt in die Endlichkeit meines engen Herzens hineinsprechen könntest, so dass es selbst so arm und klein würde wie mein eigen Herz?

Herr, es wird wohl so sein. Aber wenn das deine Antwort auf meine Klage wäre, falls du reden wolltest, dann habe ich aufs neue eine Widerrede bereit, und sie kommt aus einem noch bekümmerteren Herzen als meine Klage über dein Schweigen, du, mein ferner Gott.

Wenn mein Leben ein einziges Gebet sein soll und mein Beten ein Stück eines solchen Lebens, das sich betend vor dein Angesicht trägt, dann muss ich doch auch die Macht haben, mein Leben, mich selber vor dich zu bringen. Aber, siehe, das eben geht über meine Kraft. Wenn ich bete, dann redet mein

Mund, dann führen, wenn ich »gut« bete, meine Gedanken und meine Willensentschlüsse gutwillig ihr befohlenes und eingelerntes Spiel auf. Aber bin ich dann der selbst, der gebetet wird? Ich sollte doch nicht Worte beten oder Gedanken oder Entschlüsse, sondern mich selbst! Mein guter Wille gehört doch selbst viel zu sehr zur Oberfläche meiner Seele und ist zu schwach, um in jene tiefen Schichten meines Wesens zu dringen, wo ich – ich selber bin, wo die verborgenen Wasser meines Lebens steigen und fallen nach eigenem Gesetz. Wie wenig Macht habe ich doch über mich selbst! Liebe ich dich denn, wenn ich dich lieben *will*? Liebe ist doch ein Sichverströmen in dich hinein, ein Anhangen an dich mit der letzten Tiefe des eigenen Wesens. Wie aber soll ich liebend beten, wenn das Gebet der Liebe die Übergabe des letzten Grundes meines Herzens, ein Öffnen der innersten Kammer meiner Seele sein soll und ich doch selber gar nicht die Macht habe, die Tore dieser innersten Kammer zu öffnen, sondern selbst ohnmächtig und machtlos vor meinem letzten Geheimnisse stehe, das wie in schwerer dumpfer Unbeweglichkeit in Gründen begraben liegt, in die meine alltägliche Freiheit nicht vordringt?

Mein Gott, ich weiß, Gebet muss nicht notwendig Enthusiasmus und Verzückung sein und kann mich doch so ganz in deine Gewalt und Verfügung geben, dass nichts mehr dir vorbehalten bleibt. Gebet, das diesen Namen mit Recht trägt, braucht nicht fröhlicher Jubel zu sein und der strahlende Glanz eines unbekümmerten Sichselbstverschenkens. Gebet kann sein wie ein inneres Bluten, in dem in Kümmernis und Schmerz das Herzblut des inneren Menschen still in seine eigene Tiefe hineinversickert. Es wäre mir recht, wenn ich auf diese oder die andere Art zu beten vermöchte, wenn ich es dabei nur fertig brächte, dir betend zu geben, was allein du willst: nicht meine Gedanken und Gefühle und Entschlüsse, sondern mich selbst. Aber eben das vermag ich nicht, weil ich in der alltäglichen Oberflächlichkeit meines Lebens, in die ich notwendig hinausgestoßen bin, mir selber fremd und nicht bei mir bin. Wie kann ich dich suchen, dich fernen Gott, wie mich selbst dir überantworten, wenn ich mich selbst nicht gefunden habe?

Sei mir barmherzig, mein Gott. Wenn ich das Gebet fliehe, will ich nicht dich fliehen, sondern mich in meiner Oberflächlichkeit, ich will nicht deiner Unendlichkeit und Heiligkeit entlaufen, sondern der Öde des leeren Marktes – meiner Seele, auf dem ich herumirren muss, wenn ich die Welt fliehe und doch nicht eintreten kann in das wahre Heiligtum meines Innern, in dem du allein zu finden und anzubeten wärst. Versteht dein Mitleid mit mir denn nicht, dass ich, ausgeschlossen vom Ort, wo du wohnst, und verbannt auf den Markt vor deiner Kirche, diesen Markt leider fülle mit der Geschäftigkeit der Welt; versteht deine Barmherzigkeit denn nicht, dass der leere Lärm dieser Geschäftigkeit mir süßer ist als die grimmige Stille, die das einzige Ergebnis ist, wenn ich der Welt im Gebet Schweigen gebiete, ohne dass ich – wenigstens durch dein beredtes Schweigen – schon hineingezogen wäre in dich?

Was soll ich tun? Du hast mir geboten zu beten, und wie sollte ich glauben, du gebötest mir etwas zu tun, was mir mit deiner Gnade zu tun unmöglich wäre? Ich glaube, dass du mir zu beten aufgetragen hast und dass ich es mit deiner Gnade auch vermag. Dann aber kann das Beten, das du von mir forderst, im letzten Grunde nur sein: das Warten auf dich, das schweigende Bereitstehen, bis du, der du schon immer in der innersten Mitte meines Wesens bist, mir von innen das Tor aufschließest, damit auch ich in mich selbst eintrete, hinein in das verborgene Heiligtum meines Lebens, um dort vor dir einmal wenigstens die Schale meines Herzblutes auszugießen. Das wird dann die Stunde *meiner* Liebe sein.

Ob sie kommt in einem »Gebet« – was man im Alltag so nennt – oder in einer anderen Stunde der Entscheidung über das Heil meiner Seele oder in meinem Sterben, ob sie mir *als* diese Stunde meines Lebens vernehmlich wird oder nicht, ob sie lange dauert oder kurz, das alles ist dir allein bekannt. Aber ich muss bereitstehen und muss harren, damit, wenn du das Tor zur Entscheidung meines Lebens öffnest – vielleicht tust du es leise und unauffällig –, ich nicht verloren an die Dinge dieser Welt versäume einzutreten in mich und in dich. Dann werde ich in meinen zitternden Händen mich selber, jenes namenlose Etwas halten, in dem noch alle meine Kräfte und Eigenschaften wie in ihrem Ursprung eins sind, und dieses Namenlose dir zurückgeben im Opfer der Liebe.

Ich weiß nicht, ob diese Stunde nicht schon angebrochen ist in meinem Leben, ich weiß nur, dass sie erst in meinem Tode endgültig ihr Ende findet. In dieser seligen und furchtbaren Stunde meiner Liebe wirst du noch schweigen und mich – mich selber sagen lassen. »Nacht des Geistes« nennen die Theologen solcher Entscheidung dein Schweigen in dieser Stunde, und jene, die sie erfahren, heißen gewöhnlich »Mystiker« – ein Wort, unter dem sich die Leute so viel Albernes vorstellen –, sie, die diese Stunde ewiger Liebesentscheidung nicht bloß wie alle Menschen durchlebten, sondern sich gleichsam dabei auch noch selber zusehen konnten.

Und nach der Stunde *meiner* Liebe, die in dein Schweigen gehüllt ist, wird dann der Tag *deiner* Liebe kommen: visio beatifica [= beseligende Schau Gottes in seiner himmlischen Herrlichkeit]. Jetzt also, da ich nicht weiß, wann meine Stunde kommt und ob sie nicht schon angebrochen ist, muss ich warten auf dem Vorplatz vor deinem und meinem Heiligtum, muss ihn leeren von dem Lärm der Welt, muss die bittere Stille und Öde, die so entsteht – Nacht der Sinne –, in deiner Gnade und im reinen Glauben aushalten. Das ist der letzte Sinn aller meiner alltäglichen

Gebete. Nicht, was ich dabei denke, nicht, was ich dabei beschließe und fühle, nicht dieses Tun meines oberflächlichen Denkens und Wollens, nicht das in sich selbst ist es, was dir an meinem Gebet gefällt. Das alles ist ein Gebot und deine Gnade, damit die Seele bereit sei für die Stunde, da du ihr die Möglichkeit gibst, sich selbst in dich hineinzubeten. Gib mir, o Gott meiner Gebete, die Gnade, betend auf dich zu warten.

Gott meines Alltags

Meinen Alltag will ich vor dich tragen, Herr. Die langen Stunden und Tage, die von allem erfüllt sind, nur nicht von dir. Sieh auf diesen Alltag, mein milder Gott, der du dem Menschen barmherzig bist, dem Menschen, der fast nichts ist als Alltag; sieh auf meine Seele, die fast nichts ist als eine Straße, auf der der Tross dieser Welt endlos sich weiterwälzt mit seinen ungezählten Kleinigkeiten, mit seinem Gerede und Getue, seiner Neugier und seinem leeren Wichtigtun. Ist meine Seele vor dir und deiner unbestechlichen Wahrheit nicht wie ein Markt – auf dem von allen Winden die Trödler sich ein Stelldichein geben und den ärmlichen Reichtum dieser Welt verkaufen, wo in ewiger abstumpfender Unruhe ich, die Menschen und die Welt ihre Nichtigkeiten ausbreiten? Die Seele sei gleichsam alles, so habe ich einmal vor vielen Jahren als »Philosoph« in der Schule gelernt. Ach, Gott, wie ganz anders musste ich nun dieses Wort erleben, als ich damals gedacht und geträumt hatte: Meine arme Seele ist wie zu einem riesigen Speicher geworden, in den wahllos »alles« von allen Seiten Tag für Tag eingefahren wird, bis er bis zum Dach mit Alltag gefüllt ist.

Was soll aus mir werden, mein Gott, wenn mein Leben so weitergeht? Wie wird mir sein in der Stunde, da aller Kram des Alltags plötzlich wieder auf einmal aus diesem Speicher hinausgefegt wird, wie wird mir sein in der Stunde meines Todes? Da wird kein Alltag mehr sein, da werde ich plötzlich von allem verlassen sein, was jetzt meine Tage und mein Leben erfüllt. Aber was werde ich selbst in dieser Stunde sein, wo ich nur mehr ich selber bin und sonst nichts mehr, was werde ich dann sein, der ich ein Leben lang nur Alltag war, Betrieb also und mit Geschwätz und Getue erfüllte Öde? Wenn einmal die lastende Wucht des Todes aus meinem Leben, aus all den vielen Tagen und langen Jahren unerbittlich ihren wahren Gehalt auspressen wird, was wird dann das Ergebnis sein? Mein Gott, wenn du barmherzig zu mir gewesen bist, dann werden in dieser großen Enttäuschung, die über die große Täuschung meines Alltags kommen wird, ein paar Augenblicke vielleicht der echte Rest eines unechten Lebens sein, ein paar Augenblicke, in die sich die Gnade deiner Liebe in einem Winkel meines vom Alltagströdel erfüllten Lebens eingeschlichen hatte.

Aber wie soll ich diese Not meines Alltags wenden, wie mich wenden zum einen Notwendigen, das du bist? Wie soll ich den Alltag fliehen? Hast nicht du mich in diesen Alltag gestoßen? Fand ich mich nicht schon an die Welt verloren und mitten im Alltag, als ich zum ersten Male ahnend begriff, dass mein wahres Leben auf dich hin nicht im Alltag ersticken dürfe? Hast nicht *du* mich zum Menschen gemacht? Was aber ist der Mensch, als das Wesen, das, sich selber nicht genug, nach deiner Unendlichkeit begehrt und darum deinen fernen Sternen entgegenzulaufen beginnt und so – alle Straßen dieser Welt abläuft und deine Sterne auch am Ende aller dieser Wege immer noch ruhig in der gleichen Ferne leuchten sieht? Und siehe, mein Gott, wenn ich meinen Alltag fliehen wollte, wenn ich gar Kartäuser werden wollte, um nichts mehr tun zu müssen, als in schweigender Anbetung vor deinem heiligen Angesicht zu weilen, wäre ich dann wirklich erhaben über den Alltag? Wenn ich an die Stunden denke, da ich an deinem Altar stehe oder das

Stundengebet deiner Kirche spreche, dann weiß ich, dass nicht weltliche Geschäfte meine Tage alltäglich machen, sondern dass ich selber es bin, der ich auch noch die heiligen Geschehnisse in Stunden grauer Alltäglichkeit zu verwandeln vermag. *Ich* mache meine Tage zum Alltag, nicht sie mich.

Darum weiß ich, dass, wenn es überhaupt für mich einen Weg zu dir geben kann, er mitten durch meinen Alltag hindurchführt. Ohne den Alltag zu dir fliehen könnte ich nur, wenn ich auf dieser heiligen Flucht mich selber zurücklassen könnte. Aber führt ein Weg mitten durch den Alltag zu dir? Führt mich ein solcher Weg denn nicht immer weiter von dir weg, immer tiefer hinein in die laute Leere der Geschäftigkeit, in der du, stiller Gott, nicht wohnst? Ich weiß wohl, dass man den Betrieb, der einem Leben und Herz erfüllt, satt bekommt, dass das »taedium vitae« [= Lebensekel; Lebensüberdruss], von dem die Philosophen reden, und die Lebenssattheit, von der als der letzten Lebenserfahrung deiner Patriarchen dein Wort berichtet, auch mehr und mehr mein Anteil sein wird. Ja, der Alltag wandelt sich schließlich von selbst in die große Melancholie des Lebens. Aber erfahren diese nicht auch die Helden?

Ist man schon bei dir, wenn der Alltag schließlich sein wahres Gesicht zeigt, wenn er selber bekennt, dass alles Eitelkeit und Geistesplage ist, wenn ich die Erfahrung deines Predigers mache [Rahner spielt hier auf das alttestamentliche Buch Kohelet an, auch

Buch des Predigers genannt, mit seinem »Alles ist Windhauch«: Alles, was uns im Alltag so wichtig scheint, ist nicht mehr als ein Haschen nach Luft]? Ist der Alltag auf diese einfache Weise der Weg zu dir? Oder hat er nicht vielmehr dann gerade seinen letzten Sieg errungen, wenn dem ausgebrannten Herzen schließlich auch die eigenen Dinge des Alltags gleichgültig werden, die Dinge, die sonst dem Menschen so leicht über die Langweile und Öde des Herzens hinweghelfen? Ist ein müdes und enttäuschtes Herz denn dir näher als ein frisches und weltfrohes? Wo bist du eigentlich zu finden, wenn die Lust des Alltags deiner vergessen lässt und auch die Enttäuschung des Alltags dich noch nicht gefunden hat, ja das so bitter und krank gewordene Herz noch unfähiger macht, dich zu finden?

Mein Gott, wenn man dich in allem verlieren kann, wenn nicht Gebet, noch heilige Feier, noch Klosterstille, noch die große Enttäuschung an allem von sich aus diese Gefahr ausschließen, dann gehören auch diese heiligen, nicht-alltäglichen Dinge immer noch zum Alltag. Ja, dann ist Alltag nicht ein »Stück« meines Lebens, ist nicht nur das längste Stück meines Lebens, sondern dann ist immer Alltag, dann ist »alles« Alltag, weil alles mir das eine verderben und rauben kann, das nottut, dich, meinen Gott.

Aber, wenn du mir nirgends einen Ort gegeben hast, an den man nur hinflüchten müsste, um dich schon gefunden zu haben, wenn alles der Verlust deiner, des Einen, sein kann, dann muss ich dich auch in allem finden können, weil sonst der Mensch dich überhaupt nicht finden könnte, der Mensch, der ohne dich nicht sein kann. Dann muss ich dich in allem suchen, dann ist alle Tage Alltag und alle Tage *dein* Tag und die Stunde deiner Gnade. [...]

Aber wie wird mein Alltag zu deinem Tag? Mein Gott, nur durch dich! Nur durch dich kann ich in der Vielfalt der Tagesarbeit ein »inniger« Mensch sein. Nur durch dich bin ich in mir bei dir, wenn ich ausgehe, um bei den Dingen zu sein. Nicht die Angst und das Nichts und nicht der Tod befreien mich von der Verlorenheit an die Dinge der Welt, wie die Philosophen heute sagen, sondern nur deine Liebe, die Liebe zu dir [...]. Deine Liebe, mein unendlicher Gott, die Liebe zu dir, die durch alle Dinge hindurch, mitten durch ihr Herz hindurch sich über sie hinausschwingt in deine unendlichen Weiten hinein und alle die verlorenen Dinge noch mitnimmt als den Lobgesang deiner Unendlichkeit. Vor dir wird alle Vielheit eins, alle Ausgegossenheit ist in dir gesammelt, alle Äußerlichkeit wird in deiner Liebe noch innig. In deiner Liebe wird alle Auskehr in den Alltag Einkehr in deine Einheit, die das ewige Leben ist.

Aber diese Liebe, die den Alltag – Alltag sein lässt und ihn doch wandelt zu einem Einkehrtag in dich, kannst nur du mir geben. Was habe ich also dir zu sagen in dieser

Stunde, da ich mich, den Alltäglichen, vor dein Angesicht bringe. Nur eine Bitte habe ich zu stammeln um deine gewöhnlichste Gabe, die deine höchste ist, um deine Liebe. Rühr mein Herz mit deiner Gnade an. Lass mich, wenn ich nach den Dingen dieser Welt greife in Freude oder in Schmerz, durch sie hindurch dich, ihrer aller ureinen Grund, begreifen und lieben. Der du die Liebe bist, gib mir die Liebe, dich, damit alle meine Tage einmal einmünden in den einen Tag deines ewigen Lebens.

Gott der Lebendigen

Meiner Toten will ich vor dir gedenken, Herr, aller derer, die einmal zu mir gehörten und von mir gegangen sind. Ihrer sind viele, so viele, dass ich sie gar nicht mit einem Blick überschauen kann, sondern in der Erinnerung meinen Lebensweg noch einmal entlang gehen muss, wenn meine Trauer sie alle grüßen will. Wenn ich so tue, dann ist mir, wie wenn auf der Straße meines Lebens ein Zug von Menschen marschierte und jeden Augenblick sich ohne Abschiednehmen und schweigend einer aus diesem Zuge herauslöste und vom Wege abbiegend sich verlöre im Dunkel der Nacht. Kleiner und kleiner wird mein Zug, denn nur scheinbar treten immer neue Menschen auf meinen Lebensweg, um mitzuziehen. Viele ziehen zwar dieselbe Straße, aber – eigentlich *mit* mir doch nur wenige. Denn *mit* mir pilgern doch eigentlich nur, die einst gemeinsam mit mir aufbrachen, die schon dabei waren, als ich meinen Weg zu dir, mein Gott, begann, die meinem Herzen ganz nahe waren und sind. Die andern sind Wegkameraden auf dem gleichen Weg, und deren gibt es viele: man grüßt sich und hilft sich. Und immer neue kommen hinzu und gehen wieder. Aber der eigentliche Zug meines Lebens, gebildet von denen, die sich lieben, der wird immer kleiner und stiller, bis auch ich einmal schweigend vom Wege abbiege und ohne Abschied und Wiederkunft dahingehe.

Darum ist mein Herz bei ihnen, die so schon fortgegangen sind von mir. Es gibt keinen Ersatz für sie, keinen anderen Menschen, der solch eine Schar wirklich sich Liebender wieder auffüllen könnte, wenn einer aus ihr plötzlich und unerwartet nicht mehr ist. Denn in der wahren Liebe kann keiner den andern ersetzen. Denn wahre Liebe liebt den andern in jener Tiefe, in der jeder nur er selber ist. Darum hat jeder der Dahingegangenen ein Stück meines Herzens mitgenommen, ja so oft mein ganzes Herz, als der Tod durch mein Leben hindurchgeschritten ist. Wer wirklich geliebt hat und liebt, dessen Leben wandelt sich schon vor seinem Sterben in ein Leben mit den Toten. Denn könnte der Liebende seiner Toten vergessen? Und wenn einer wirklich geliebt hat, dann ist sein »Vergessen« und sein »Ausgeweinthaben« nicht das Zeichen des Wiedergetröstetseins, sondern der Endgültigkeit seiner Trauer, das Zeichen dafür, dass ein Stück des eigenen Herzens wirklich mitgestorben und nun lebendig tot ist und *darum* nicht mehr klagen kann.

So lebe ich mit den Toten, mit jenen, die mit vorausgegangen sind in die dunkle Nacht des Todes, da niemand mehr wirken kann.

Aber wie soll ich mit den Toten leben können, leben in der einen Wirklichkeit meiner und ihrer Liebe? Gib mir Antwort, du, mein Gott, der du dich einen Gott der Lebendigen und nicht der Toten genannt hast! Wie soll ich mit ihnen leben? Was nützt mir, wenn ich sage – ach, Herr, und die Philosophen mir sogar beweisen –, dass sie noch sind und dass sie weiterleben? Sind sie bei *mir*? Weil ich die Toten liebte und immer noch liebe, muss ich bei *ihnen* sein. Aber sind sie auch bei *mir*? Sie sind doch fortgegangen, sie schweigen. Kein Wort von ihnen dringt mehr an mein Ohr, keine milde Güte ihrer Liebe erfüllt mehr mein Herz. Wie sind doch die Toten so stille, wie sind die Toten doch so – tot! Wollen sie denn, dass ich sie vergesse, wie man einen vergisst, mit dem man zufällig auf der Reise zusammentraf und ein paar gleichgültige Worte wechselte?

Wenn denen, die in deiner Liebe von hinnen schieden, das Leben nicht genommen, sondern in ewiges, grenzenloses, übervolles Leben verwandelt wird, warum sind sie dann für mich, als ob sie nicht mehr wären? Ist das Licht, dein Licht, mein Gott, in das sie eingegangen sind, so schwach, dass es nicht bis zu mir herunterdringen kann? Können sie nur bei dir sein, indem auch ihre Liebe, nicht bloß ihr Leib, mich verlässt? Meine Frage kehrt sich von ihnen zu dir, o Gott, der du der Gott der Lebendigen und nicht der Toten genannt sein willst.

Wie aber soll ich dich fragen? Du schweigst ja ebenso wie die Toten. Ich liebe ja auch dich, wie ich meine Toten liebe, die fernen und schweigenden, die in die Nacht eingegangen. Gibst denn du meiner Liebe vernehmliche Antwort, wenn sie dich ruft und bittet um ein Zeichen, dass deine Liebe zu mir lebt und bei mir ist? Kann ich meine Toten anklagen, wenn ihr Schweigen nur das Echo *deines* Schweigens ist? Oder ist dein *Schweigen* deine Antwort auf meine Klage über *ihr* Schweigen?

So muss es wohl sein, weil du die letzte, wenn auch unbegreifliche Antwort auf alle Fragen meines Herzens bist. Warum du schweigst, das weiß ich: Deine Stille ist der grenzenlose Raum, worin allein meine Liebe die Tat des Glaubens an deine Liebe zu wirken vermag. Wäre in dieses irdische Leben hinein deine Liebe zu mir schon offenbar geworden, indem mir schon kund wäre, was ich bin: geliebt von dir, wie könnte ich dir dann den wagenden Mut und die Treue meiner Liebe beweisen, wie könnten diese überhaupt sein, wie könnte ich mich in der Ekstase des Glaubens und der Liebe aus dieser Welt hinausglauben und hinauslieben in deine Welt, in dein Herz hinein?

Damit sich meine Liebe im Glauben enthülle, hat sich deine Liebe in die Stille deines Schweigens verhüllt. Damit ich dich finde, hast du mich verlassen. Denn wärst du bei mir, fände ich auf der Suche nach dir immer nur mich. Ich muss ausgehen von mir, soll ich dort dich finden, wo du – du selbst sein kannst. Weil deine Liebe unendlich ist, kann sie nur in deiner Unendlichkeit wohnen, und weil du mir deine unendliche Liebe zeigen willst, hast du sie mir in meiner Endlichkeit verborgen und rufst mich aus ihr heraus. Und mein Glaube an dich ist nichts anderes als der dunkle Weg in der Nacht zwischen dem verlassenen Haus meines Lebens mit seinen kleinen, dürftig erhellten Kammern und dem Licht deines ewigen Lebens. Dein Schweigen in dieser irdischen Zeit ist nichts denn die irdische Erscheinung des ewigen Wortes deiner Liebe.

So ahmen also meine Toten dein Schweigen nach: Weil sie in dein Leben eingegangen sind, bleiben sie mir verborgen. Weil die Worte ihrer Liebe zu mir verschmolzen sind mit dem Jubel deiner unendlichen Liebe, dringen sie nicht an mein Ohr. Sie leben die Grenzenlosigkeit deines Lebens und deiner Liebe mit, darum geht ihre Liebe und ihr Leben nicht mehr ein in die engen Räume dessen, was ich mein Leben und meine Liebe nenne. *Ich* lebe ein sterbendes Leben – »prolixitas mortis« [Hinfließen zum Tod] nennt deine Kirche dieses Leben –, darum erfahre ich nichts von ihrem ewigen Leben, das keinen Tod kennt.

Aber gerade so leben sie auch für mich. Denn ihr Schweigen ist ihr lautester Ruf, weil es das Echo deines Schweigens ist, der Gleichklang mit deinem Wort, das zu uns spricht, indem es gegen das laute Lärmen unseres Getriebes und gegen die ängstlichen, hastigen Beteuerungen, mit denen wir Menschen uns unserer gegenseitigen Liebe versichern, uns und all unsere Worte einhüllt in sein Schweigen. *So* ruft dein Wort uns in dein Leben hinein, so befiehlst du uns, in der Tat der Liebe, die der wagende Glaube ist, von uns zu lassen, um ewigen Grund in deinem Leben zu finden. Und gerade so ruft und befiehlt auch das Schweigen meiner Toten, die in deinem Leben leben und darum dein Wort an mich mitsprechen, du Gott des Lebens, das weit ist von meinem Sterben. Weil sie leben, darum schweigen sie, wie unser lautes Reden uns vergessen machen soll, dass wir Sterbende sind. Und ihr Schweigen ist das Wort ihrer Liebe zu mir, das Wort ihrer Liebe an mich.

Stiller Gott, Gott der stillen Toten, lebendiger Gott der Lebendigen, Rufer durch

Schweigen, Gott derer, die durch ihr Schweigen mich in dein Leben hineinrufen wollen, lass mich meine Toten, meine Lebendigen nicht vergessen. Meine Liebe zu ihnen, meine Treue zu ihnen sei Beweis meines Glaubens an dich, Gott des ewigen Lebens. Lass mich ihr Schweigen nicht überhören, das Schweigen, das das innigste Wort ihrer Liebe ist. Dieses ihr innigstes Wort begleite mich, wenn sie darum von mir scheiden, damit ihre Liebe, eingehend in dich, mir am nächsten sei. Seele, vergiss nicht der Toten. Sie leben. Sie leben dein eigenes Leben, das dir noch verborgen ist, schleierlos im ewigen Licht. Deine Lebendigen, Gott der Lebendigen, mögen mich Toten nicht vergessen. Gewähre ihnen, Gott, der du ihnen schon alles, dich selbst gewährt hast, auch dies, dass ihr Schweigen zum beredtesten Wort ihrer Liebe zu mir werde, zum Wort, das auch meine Liebe zu ihnen heimgeleitet in ihr Leben und ihr Licht.

Wenn mein Leben ist und immer mehr wird ein Leben mit den Toten, die mir vorausgegangen sind in die dunkle Nacht des Todes, da niemand mehr wirken kann, dann werde es durch deine Gnade immer mehr ein Leben des Glaubens an dein Licht in der Nacht meines Lebens. Dann lebe ich mit den Lebendigen, die mir vorausgegangen sind im Zeichen des Glaubens, hinein in den lichten Tag des Lebens, da niemand mehr wirken muss, weil du dieser Tag selber bist, du Fülle aller Wirklichkeit, du Gott der Lebendigen.

Wenn ich spreche: Herr, gib ihnen die ewige Ruhe, und das ewige Licht leuchte ihnen, dann sei mein Gebet nur der Widerhall des Wortes der Liebe, das sie selbst in der Stille ihrer Ewigkeit für mich sprechen: Herr, gib ihm, den wir in deiner Liebe lieben wie noch nie, gib du ihm nach seines Lebens Kampf die ewige Ruhe, und dein ewiges Licht leuchte auch ihm wie uns. Seele, vergiss nicht der Toten. Gott aller Lebendigen, vergiss nicht mich Toten, damit du einmal auch mein Leben seist.

Worauf es ankommt

Auf das Reden *über* das Gebet kommt es letztlich nicht an, sondern auf die Worte, die wir selbst zu Gott sagen. Und diese Worte muss man eben selbst sagen. Ach, sie können leise, arm und schüchtern sein. Sie können wie silberne Tauben in den Himmel Gottes aus einem frohen Herzen aufsteigen, oder sie können sein wie der unhörbare Lauf bitterer Tränen. Sie können groß und erhaben sein wie der Donner, der sich in den hohen Bergen bricht, oder schüchtern wie das scheue Geständnis einer ersten Liebe. Wenn sie nur von Herzen kommen. Wenn sie nur von Herzen kommen *möchten*. Und wenn sie nur der Geist Gottes mitbetet. Dann hört sie Gott. Dann wird Er keines dieser Worte vergessen. Dann wird Er die Worte in seinem Herzen aufbewahren, weil man die Worte der Liebe nicht vergessen kann. Und dann wird Er uns geduldig, ja selig weiter zuhören, ein ganzes Leben lang, bis wir ausgeredet haben, bis wir unser ganzes Leben ausgeredet haben. Und dann – wird Er ein einziges Wort der Liebe sagen, aber Er ist dieses Wort selbst. Und dann wird der Schlag unseres Herzens stehenbleiben über diesem Wort. In Ewigkeit.

Zu den Textquellen

Die vier Rahnertexte, vereinigt unter dem von den Herausgebern stammenden Titel *Warum Beten manchmal schwerfällt – und was daran gut ist*, stammen aus den Jahren 1938 und 1949 (bzw. 1946). Dass sie nach acht bzw. sieben Jahrzehnten nach wie vor mit ihrer theologischen Präzision wie mit ihrer spirituellen Tiefe beeindrucken und faszinieren, aber auch inspirieren und motivieren können, spricht für sich.

Die ersten drei Texte gehören zu den zehn Meditationen, die 1938 – als erste selbständige Buchveröffentlichung Karl Rahners überhaupt – unter dem Titel »Worte ins Schweigen« veröffentlicht wurden, nachdem sie zuvor einzeln und in anderer Reihenfolge in einer Mitgliederzeitschrift des Wiener Klerus erschienen waren.

Bemerkenswerterweise handelt es sich dabei um einen offenbar vom Verlag ausgedachten Deal, eine Art Kompensationsgeschäft: Der Innsbrucker Verlag Felizian Rauch, dem Karl Rahner seine philosophische Untersuchung »Geist in Welt« zur Metaphysik der unendlichen Erkenntnis bei Thomas von Aquin zur Veröffentlichung anbot, sah wenig Chancen für einen befriedigenden Verkauf.

Man machte die Annahme von »Geist in Welt« davon abhängig, »dass Rahner etwas anderes liefere, das sich verkaufen lasse und den bei ›Geist in Welt‹ erwarteten Ausfall ausgleiche« (so Karl H. Neufeld, in: ders., Worte ins Schweigen. Zum erfahrenen Gottesverständnis Karl Rahners, in: *Zeitschrift für Katholische Theologie* 112 [1990], S. 427–436, 430). Daher bot Rahner die zehn Meditationen »Worte ins Schweigen« dem Verlag zusätzlich zum Druck an. Und das kleine Werk erlebte zehn Auflagen, erschien auch als Taschenbuch und wurde in eine ganze Reihe anderer europäischer Sprachen übersetzt.

Der frühere Leiter des Karl-Rahner-Archivs, Karl H. Neufeld SJ, bezeichnete diese

»Gespräche Rahners mit Gott« als eine (lange so nicht wahrgenommene, also verkannte) »Gotteslehre« (ebd. S. 429). Roman A. Siebenrock wiederum sprach von einem »theologischen Schatzkästlein«. In diesen Texten sei »ohne schulische Terminologie der ganze Rahner präsent: Jener Theologe, der in allem ein Mystagoge zu Gott hin sein wollte« (ders., Gezeichnet vom Geheimnis der Gnade. »Worte ins Schweigen« als ursprüngliche Gottesrede Karl Rahners, in: Christian Kanzian [Hg.], Gott finden in allen Dingen. Theologie und Spiritualität. Thaur 1998, S. 199–217, 202).

»Gott meiner Gebete«, »Gott meines Alltags« sowie »Gott der Lebendigen« sind (mit von den Herausgebern in eckigen Klammern gekennzeichneten Auslassungen) ein Nachdruck aus: Karl Rahner, Worte ins Schweigen, in: ders., Sämtliche Werke. Bd. 7: Der betende Christ. Geistliche Schriften und Studien zur Praxis des Glaubens. Bearbeitet von Andreas R. Batlogg. Freiburg i. Br. 2007, S. 3–38, hier S. 11–14, S. 21–25 und S. 25–28).

Der vierte Text »Worauf es ankommt« ist dem letzten Absatz eines anderen prominenten Rahner-Klassikers und -Bestsellers entnommen: »Von der Not und dem Segen des Gebetes«. Dieses 1949 veröffentlichte, ebenfalls vielfach aufgelegte, in viele Sprachen übersetzte und auch als Taschenbuch verlegte Buch geht auf Fastenpredigten in München im Hunger-Frühjahr 1946 zurück. Der hier abgedruckte Abschnitt hat keine Überschrift, der Titel »Worauf es ankommt« stammt von den beiden Herausgebern. Das gesamte Buch »Von der Not und dem Segen des Gebetes« ist ebenfalls in SW 7, S. 39–116, abgedruckt, der ausgewählte kurze Abschnitt findet sich auf S. 116.

Karl Rahner im
Matthias Grünewald Verlag

Herausgegeben von
Andreas R. Batlogg SJ
und Peter Suchla

Karl Rahner SJ (1904–1984), Theologe von Weltrang, gilt vielen zugleich als der größte spirituelle Schriftsteller des 20. Jahrhunderts. Die von Andreas R. Batlogg und Peter Suchla herausgegebene Reihe stellt Texte aus dem Werk Rahners vor, die zeigen, wie christlicher Glaube das Leben auch heute bereichern kann.

Advent

Karl Rahner
Advent –
Von der tiefen
Sehnsucht
unseres Lebens
Gebunden mit Leseband
80 Seiten
ISBN 978-3-7867-3147-4

Der Advent gilt meist nur als jene Zeit, die es zu überbrücken gilt, bis endlich Weihnachten ist. Doch Karl Rahner zeigt, dass die Adventszeit mehr ist, weil unser aller Leben stets mit Erinnerung und Erwartung zu tun hat. Anders gesagt: Weil eine tiefe Sehnsucht die Menschen ein Leben lang begleitet. Worin diese Sehnsucht besteht und wie sie zur Erfüllung gelangt, das zeigen die hier versammelten spirituellen Texte Rahners.

Weihnachten

Karl Rahner
Von der stillen Weihnacht unseres Herzens
Gebunden mit Leseband
80 Seiten
ISBN 978-3-7867-3193-1

Für viele weckt Weihnachten vor allem die nostalgische Sehnsucht nach den Erinnerungen der Kindheit. Für Karl Rahner dagegen führt Weihnachten ins Zentrum christlicher Reife: Dorthin, wo Menschen in ihrem innersten Dasein ankommen, sich für den eigenen Weg durchs Leben entscheiden und die Angst um sich selbst loslassen, um aus der Enge die Weite zu finden.

Ostern

Karl Rahner
Was Ostern
bedeutet
Gebunden mit Leseband
80 Seiten
ISBN 978-3-7867-4032-2

Karl Rahners Art, vom christlichen Glauben zu sprechen, öffnet die Augen dafür, wie dieser Glaube das Leben bereichert. Das gilt auch für Ostern, das unglaublich viel mehr ist als Frühlingsgefühle, Urlaubstage und Brauchtum. Rahner zeigt: Es ist der geheimnisvolle Kern des christlichen Glaubens – beglückend, Kraft spendend, zum Leben motivierend.

Alltag

Karl Rahner
Im Alltag nicht alltäglich werden
Gebunden mit Leseband
64 Seiten
ISBN 978-3-7867-3181-8

In der Regel verbinden Menschen mit »Spiritualität« besondere Ausnahmeerfahrungen, in denen Gott erfahrbar wird und der Sinn des eigenen Lebens aufscheint. Was aber bedeutet Spiritualität in den Niederungen des Alltags, die von Pflicht und Routine geprägt sind und wo der Himmel verhangen bleibt? Karl Rahner zeigt in diesem Text auf, wie der Alltag selbst zum eigentlichen Weg der Spiritualität werden kann.

Kraft

Karl Rahner
Von der Kraft, täglich neu zu beginnen
Gebunden
64 Seiten
ISBN 978-3-7867-3211-2

Woher die Kraft nehmen, sich dem zermürbenden Alltag täglich neu zu stellen? Wie kann man den Morgen mit innerer Zuversicht beginnen, die den Tag hindurch trägt? Der Anfang eines Tages ist eine sensible Zeit – und manchmal entscheidet er über den Rest des Tages. Wie dieser Anfang kostbar werden und Kraft spenden kann, zeigt Karl Rahner in den hier ausgewählten Texten.